AF579152

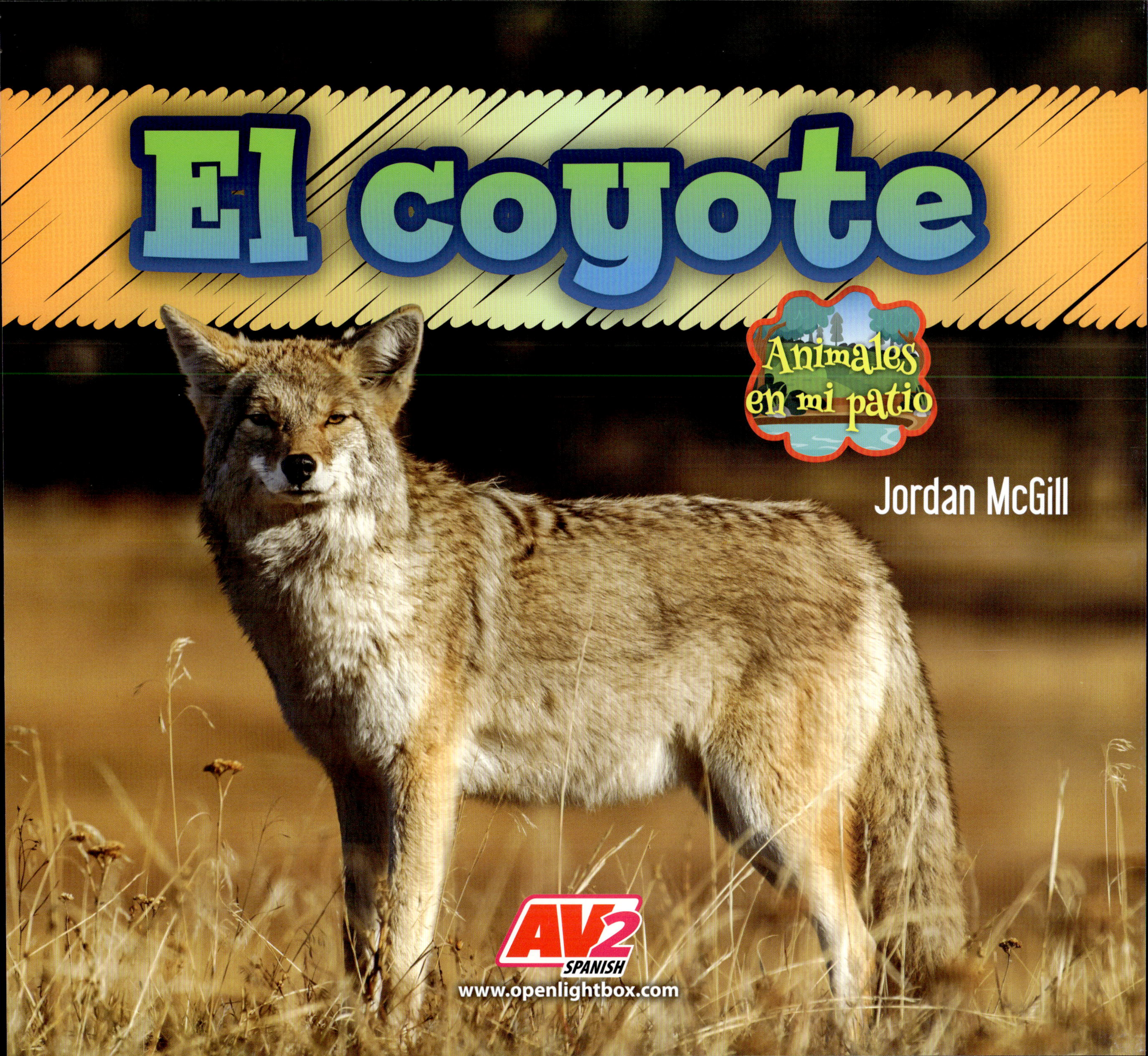
El coyote
Animales en mi patio
Jordan McGill
AV2 SPANISH
www.openlightbox.com

**Paso 1**
Ingresa a **www.openlightbox.com**

**Paso 2**
Ingresa este código único

**AVR62893**

**Paso 3**
¡Explora tu eBook interactivo!

AV2 SPANISH

Animales en mi patio

El coyote

Iniciar

Comparte

# Tu eBook interactivo trae...

**AV2 es compatible para su uso en cualquier dispositivo.**

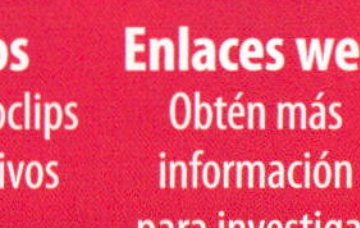

**Audio**
Escucha todo el lobro leído en voz alta

**Videos**
Mira videoclips informativos

**Enlaces web**
Obtén más información para investigar

**¡Prueba esto!**
Realiza actividades y experimentos prácticos

**Palabras clave**
Estudia el vocabulario y realiza una actividad para combinar las palabras

**Cuestionarios**
Pon a prueba tus conocimientos

**Presentación de imágenes**
Mira las imágenes y los subtítulos

**Comparte**
Comparte títulos dentro de tu Sistema de Gestión de Aprendizaje (LMS) o Sistema de Circulación de Bibliotecas

**Citas**
Crea referencias bibliográficas siguiendo los estilos de APA, CMOS y MLA

**Este título está incluido en nuestra suscripción digital de Lightbox**

Suscripción en español de K–5 por 1 año
ISBN 978-1-5105-5935-6

Accede a cientos de títulos de AV2 con nuestra suscripción digital.
Regístrate para una prueba GRATUITA en **www.openlightbox.com/trial**

Se garantiza que los componentes digitales de este libro estarán activos por 5 años.

# El coyote

Animales en mi patio

## CONTENIDOS

# Este es el coyote.

Se parece mucho a un perro.

Comparación del tamaño del coyote
Chihuahua
Border Collie
Coyote
Gran Danés

El coyote vive
con su familia.

Con su familia,
aprende a cazar.

Se protege del frío con su pelaje.

Con su pelaje, también puede ocultarse.

# Se comunica ladrando, gruñiendo y aullando.

Ladrando, gruñiendo y aullando puede hacer 11 sonidos diferentes.

El coyote oye con sus largas orejas.

Con sus largas orejas, sabe cuando alguien se acerca.

Puede ver hasta muy lejos con sus ojos.

Con sus ojos, puede ver animales muy pequeños.

Puede correr rápido con sus fuertes patas.

Con sus fuertes patas, también puede saltar.

Puede vivir cerca de tu casa.

# Cerca de tu casa, encuentra cosas que necesita.

Si te encuentras con un coyote, puede parecer un perro, pero no lo es.

Si te encuentras con un coyote, aléjate.

# Datos sobre los coyotes

Estas páginas ofrecen información detallada sobre los interesantes datos de este libro. Están dirigidas a los adultos, como soporte, para que ayuden a los jóvenes lectores a redondear sus conocimientos sobre cada animal presentado en la serie *Animales en mi patio*.

**Páginas 4–5**

**El coyote tiene el tamaño de un ovejero alemán y comparte muchas de sus características.** Sin embargo, los coyotes son más livianos que la mayoría de los perros de tamaño similar. Pesan entre 20 y 50 libras (9 y 23 kilogramos). El coyote más grande que se encontró pesaba más de 75 libras (34 kg) y medía 5 pies (1,5 metros) de largo.

**Páginas 6–7**

**La mayoría de los coyotes viven en manadas.** La mayoría de las hembras tienen entre tres y siete cachorros por camada. Cuando los cachorros son lo suficientemente grandes, sus padres les enseñan a cazar. Al cumplir un año, los cachorros ya son adultos y están listos para encontrar sus propias manadas. Algunos coyotes se unen a la manada de sus padres.

**Páginas 8–9**

**El suave pelaje del coyote es de color gris, dorado o marrón.** A menudo, el pelo del lomo del coyote tiene las puntas negras. El largo pelaje del coyote lo protege del frío. El pelaje se vuelve oscuro en verano y se aclara en invierno. Esto le permite camuflarse en su entorno.

**Páginas 10–11**

**Como parientes de los perros, los coyotes se comunican y expresan sus sentimientos ladrando.** Gimen, gruñen y aullan. Hacen estos sonidos para defender su territorio y comunicarse entre sí. El aullido del coyote se puede oír a 3 millas (4,8 kilómetros).

**Páginas 12–13**

**Los coyotes tienen orejas largas y puntiagudas erguidas sobre su cabeza.** Tienen una excelente audición. Esto los ayuda a cazar y a alejarse de los depredadores. Los coyotes son omnívoros. Comen carne y plantas. Su dieta principal se compone de peces, pequeños mamíferos, insectos y bayas.

**Páginas 14–15**

**La agudeza visual del coyote lo ayuda a encontrar y atrapar a su presa.** Los coyotes tienen ojos amarillos o verdes con pupilas negras. Ven mejor a los objetos que se mueven. Algunos animales pequeños, como los conejos, pueden escapar de los coyotes simplemente quedándose quietos. A veces, los coyotes observan si hay pájaros volando en círculo. Los pájaros suelen volar en círculo cuando abajo hay comida.

**Páginas 16–17**

**Las patas del coyote son fuertes y pueden moverse a una velocidad de entre 25 y 43 millas (40 y 69 km) por hora.** Al cazar, los coyotes recorren unas 2,5 millas (4 km) de terreno por noche. Pueden saltar más de 13 pies (4 metros) de alto. Eso es más del doble de la altura de una camioneta.

**Páginas 18–19**

**Los coyotes están por toda América del Norte.** Son sumamente adaptables. A diferencia de muchos otros animales salvajes, los coyotes han expandido su hábitat desde la rápida expansión de la civilización humana. Antes, los coyotes vivían solo en los desiertos y praderas, pero ahora su población se ha extendido a gran parte de América del Norte.

**Páginas 20–21**

**Se los suele encontrar dentro de los límites de las ciudades.** No debemos acercarnos a los coyotes. Si nos encontramos con un coyote en estado silvestre, no debemos correr. Es importante alejarse con calma haciendo ruidos fuertes para ahuyentarlo. Nunca trates de tocar, alimentar o domesticar a un coyote.

Published by Lightbox Learning Inc.
276 5th Avenue, Suite 704 #917
New York, NY 10001
Website: www.openlightbox.com



Library of Congress Control Number: 2024947967

ISBN 979-8-8745-1377-1 (hardcover)
ISBN 979-8-8745-1378-8 (static multi-user eBook)
ISBN 979-8-8745-1380-1 (interactive multi-user eBook)

102024
101724

Printed in Guangzhou, China
1 2 3 4 5 6 7 8 9 0 29 28 27 26 25

**Designer:** Jean Rodriguez
**English Project Coordinator:** Heather Kissock
**Spanish Project Coordinator:** Sara Cucini
**English/Spanish Translation:** Translation Services USA

Every reasonable effort has been made to trace ownership and to obtain permission to reprint copyright material. The publisher would be pleased to have any errors or omissions brought to its attention so that they may be corrected in subsequent printings.

The publisher acknowledges Getty Images, Alamy, Minden Pictures, and Dreamstime as the primary image suppliers for this title.